OEUVRES DE MOLIERE

ILLUSTRATIONS PAR

JACQUES LEMAN

LA CRITIQUE
DE L'ESCOLE DES FEMMES

PARIS
CHEZ J. LEMONNYER, LIBRAIRE-EDITEUR
53 BIS QUAI DES GRANDS AUGUSTINS
M.DCCC.LXXXII

OEUVRES

DE

J.-B. P. DE MOLIÈRE

LA CRITIQUE
DE L'ESCOLE DES FEMMES

JUSTIFICATION DU TIRAGE

Il a été fait pour les Amateurs un tirage spécial sur papier de luxe à 1,000 exemplaires, numérotés à la presse.

			NUMÉROS
125	exemplaires	sur papier du Japon.	1 à 125
75	—	sur papier de Chine.	126 à 200
200	—	sur papier Vélin à la cuve.	201 à 400
600	—	sur papier Vergé de Hollande	401 à 1000

OEUVRES
DE

MOLIERE

ILLUSTRATIONS

PAR

JACQUES LEMAN

NOTICES

PAR

ANATOLE DE MONTAIGLON

PARIS
CHEZ J. LEMONNYER, LIBRAIRE-EDITEUR
53 BIS QUAI DES GRANDS AUGUSTINS
M.DCCC.LXXXII

NOTICE
DE LA
CRITIQUE DE L'ESCOLE DES FEMMES

OLIÈRE, au Théâtre, a plus d'une fois fait bien des choses le premier. Après y avoir introduit et consacré la prose, et la forme de la petite Pièce en un acte, il donne, par *La Critique de l'École des Femmes*, un nouvel exemple de son originalité d'invention en écrivant et en faisant accepter une Pièce de théâtre écrite pour en défendre et pour en soutenir une autre.

Montfleury, le fils de l'acteur, qui, dans la bataille dramatique livrée autour de l'*École des Femmes*, allait bientôt écrire *l'Impromptu de l'Hôtel de Condé*, imita le premier l'exemple de Molière dès 1669, en faisant jouer *Le Procès de la « Femme juge et partie »*. Regnard, dont le *Légataire universel*, représenté le 9 janvier 1708, fut d'autant plus attaqué qu'il avait plus de valeur, écrivit sur l'heure en prose et fit jouer, le 19 février, son petit acte de *La Critique du Légataire*. Destouches fit la même chose en 1727; il fit jouer le 3 mai *L'Envieux, ou la Critique du Philosophe marié*, qui avait été représenté le 15 février. La Chaussée y mit plus de temps. Sa *Fausse antipathie* est d'octobre 1733; son acte, en vers libres, de *La Critique de « La Fausse antipathie »* est du 11 mars 1734. On en pourrait citer d'autres exemples, même de nos jours; mais toutes ces ripostes en dialogues et ces plaidoyers *pro domo suâ* sont partis du précédent inventé par Molière.

Sans lui, personne peut-être n'y aurait pensé, mais aucun d'eux n'eut, comme lui, à faire tête à une vraie meute, incessamment renouvelée, dont la poursuite s'attaquait, non pas à une seule Pièce, mais à toute l'œuvre, et à l'homme même, qu'elle comptait forcer et mettre à bas.

On comprend au reste que Molière eût beaucoup d'ennemis; ils étaient de plus d'une sorte et dans plus d'un camp.

Pour les Grands Comédiens, la réussite de ses Pièces et de sa Troupe était une grosse question d'argent et créait une concurrence nuisible à leurs intérêts. Pour les Auteurs, ce Farceur, qui se mêlait d'écrire lui-même et de jouer ses Pièces, qui avaient plus de succès que les leurs, devenait un rival qu'ils affectaient de mépriser, mais qu'ils ne pouvaient s'empêcher de craindre. Une partie du public était avec les Grands Comédiens et les Auteurs, quelques-uns par suite de liaisons personnelles, le plus grand nombre pour des raisons générales. La prose était indigne du Théâtre; il parlait simplement; il prenait ses modèles, ses caractères, ses sujets, dans la réalité de la vie; il peignait au naturel des hommes contemporains, et par là c'était un hérétique et un barbare en littérature; il allait à l'encontre de tout ce qu'on était habitué à admirer, l'exagération, la poussée des beaux sentiments, la bergerie sentimentale, l'enchevêtrement d'aventures inextricables et tout le clinquant romanesque de la Tragi-Comédie.

En ajoutant à cela les vraies grandes Dames et les Bourgeoises, leurs copistes, jetées à corps perdu dans la Voie nébuleuse de la Préciosité; une partie de la Cour, blessée par ses railleries des Marquis, dont il faisait des Ridicules, et les dévots, qui, à propos de l'*École des Femmes*, criaient au sacrilège avec le Prince de Conti, ce débauché qui croyait être devenu hermite, — c'était vraiment trop de gens contre un seul homme, et, pour en avoir raison, il n'a pas moins fallu que du génie.

On avait déjà fait campagne contre les *Précieuses* et contre *Sganarelle*; on s'était vengé sur *Don Garcie* de tous les autres succès, qu'on tenait pour une sorte de surprise. A l'apparition de l'*École des Femmes*, ce fut un déchaînement, et les critiques furent, comme toujours, immédiates.

A la première représentation d'une Pièce importante, comme à l'ouverture d'un Salon de peinture, tous les éloges, toutes les critiques, toutes les appréciations de détail, tous les jugements d'ensemble se font du premier coup. Ceux qui ne les connaissent pas pourront, à nouveau et à l'état personnel, penser les uns ou les autres; ils les réinventeront, sans savoir qu'on les a trouvés avant eux et qu'ils les redisent; mais, dès lors, il ne s'y ajoutera rien. C'est même dans ce verdict confus du premier jour, dans ces conversations hachées, incomplètes et rapides, mais vivement senties, qu'est la vraie opinion, et même celle qui subsistera, sans les ménagements intéressés, sans les réticences perfides, sans l'exagération, favorable ou injuste, de ce qui s'écrit dans les deux sens, où l'on ajoute autant qu'on retranche, et où chacun obéit inconsciemment à un thème et comme à un mot d'ordre, auquel on se range selon le groupe et le monde auquel on appartient.

La première représentation de l'*École des Femmes* est du 26 décembre 1662, et l'achevé d'imprimer des *Nouvelles nouvelles* de Donneau de Visé est du 9 février 1663; ce sont elles qui ouvrent le feu, mais déjà Molière avait entendu toutes les objections, toutes les critiques. Il veut les dire lui-même et y répondre en même temps, puisque les *Nouvelles nouvelles* savent déjà qu'il prépare et qu'il fera jouer la *Critique de l'École des Femmes*. En prenant les devants, Molière comptait empêcher les critiques de s'établir et de durer. Il se trompa, mais il eut raison en ceci qu'il ne s'en produisit aucune de considérable, à laquelle il n'eût déjà répondu.

On voit, dans sa Préface de l'*École des Femmes*, achevée d'imprimer le 17 mars 1663, combien ce qu'il exécuta dans la *Critique* lui vint dès les premiers jours :

« L'idée de ce Dialogue ou, pour mieux dire, de cette petite Comédie, me vint après les deux ou trois premières représentations de ma Pièce. Je la dis, cette idée, dans une maison où je me trouvay un soir, et d'abord une personne de Qualité, dont le nom est assez connu dans le monde et qui me fait l'honneur de m'aymer, trouva le projet assez à son gré pour me solliciter d'y mettre la main, mais encore pour l'y mettre luy-mesme, et je fus estonné que, deux jours après, il me montra toute l'affaire exécutée, d'une manière, à la vérité, beaucoup plus galante et plus spirituelle que je ne puis faire, mais où je trouvay des choses trop advantageuses pour moy, et j'eus peur que, si je produisois cet ouvrage sur nostre Théâtre, on ne m'accusast d'abord d'avoir mendié les louanges qu'on m'y donnoit. Cependant cela m'empêcha, par quelque considération, d'achever ce que j'avois commencé. Mais tant de gens me pressent tous les jours de le faire que je ne sçay ce qui en sera, et cette incertitude est cause que je ne mets point dans cette Préface ce qu'on verra dans la *Critique*, en cas que je me résolve à la faire paroistre. »

Molière y était certainement tout résolu, puisque la première représentation en fut donnée, le 1er juin 1663, non pas à la Cour, mais au Palais-Royal, et il a bien fait, pour lui et pour nous, de la mettre au jour et de l'imprimer presque aussitôt, puisque le privilège est du 10 juin et l'achevé d'imprimer du 7 août.

Quant à cette personne de Qualité, qu'il surfait d'une façon si délicatement élogieuse et reconnaissante, j'aimerais à croire, d'après une supposition de M. Édouard Fournier, que c'était le fils de La Mothe Le Vayer, mais on le connaît trop peu pour en être sûr, et les *Nouvelles nouvelles* donnent un nom au moment même.

Ce serait l'Abbé du Buisson, « l'un des plus galants hommes du siècle », celui dont parle Somaize, dans le *Dictionnaire des Précieuses,* sous le nom de Barsinian, comme « un des introducteurs des ruelles et un des protecteurs des jeux du Cirque ». Il s'appelait Pierre du Buisson et était Abbé de Ham, dont son père avait été Gouverneur; comme Abbé, il était plus que mondain et, dans l'Historiette assez légère de Madame de Champré, Tallemant en parle avec beaucoup moins de révérence que ne font Molière et Somaize. Ne serait-ce pas encore à lui que fait allusion la *Zélinde* de Visé dans la lettre que Molière y laisse tomber ? Il est en effet difficile de ne pas voir dans ce passage une allusion à l'ouvrage apporté à Molière :

« Cela n'empêche pas que vous n'ayez de grandes obligations au Chevalier Doriste dont vous avez si bien tourné les vers en prose, et, si ce galand homme se vouloit mesler d'escrire, je croy que vous auriez un redoutable rival. »

Il est permis d'en douter, et Molière a eu raison de ne s'en rapporter qu'à lui. Le feuilleton dramatique n'existant pas, sa vraie tribune, meilleure que la plus solide Préface, était le plancher et le tremplin de son théâtre.

Il semble qu'il n'y ait rien dans la *Critique*, mais l'on s'y amuse. Tout ce qui doit y être s'y trouve, et l'on peut répéter, avec le Commentaire de Cailhava, mais sans en abuser comme lui : « Lisez la Pièce », à laquelle, ce qui est niais, on a, de son temps, reproché d'être une Apologie. Molière avait-il à faire autre chose, et il faut convenir qu'il a pris le taureau par les cornes. Il a expliqué la raison de tant de récits. Il a défendu l'impertinent *le*, qui n'est que gai et amusant, par la simplicité d'Agnès et le sentiment des vraies honnêtes femmes; elles ne pensent pas à s'effaroucher comme les drôlesses. Que n'aurait-il pas pu dire s'il avait invoqué les équivoques et les plaisanteries grossières des Ballets contemporains ? Il a continué, ce qui était imprudent, à se moquer, quoique cette fois ce fût sans en avoir l'air, du jargon des Précieuses, qu'il poursuivra jusque dans *Les Femmes savantes*. *Obscénité, immodesties* et *s'encanailler*, qui ont fini par passer dans la langue, étaient des mots tout nouveaux, alors tout aussi amusants et aussi drôles au théâtre que l'est encore aujourd'hui « une personne qui a du revenu en sens commun ».

Uranie, plus agréable pourtant et moins scientifique que Madame du Châtelet, est déjà aussi mondaine et aussi prudente que Célimène. Ce n'est pas elle que Molière a prise pour son porte-paroles; c'est la judicieuse et aimable Elise, si railleusement polie que Clymène s'y peut tromper, et surtout Dorante, qui, en sa qualité d'homme, est, non pas plus droit et plus juste, mais plus net et plus en dehors; si on le poussait, au lieu de reculer, il foncerait sur les gens. En même temps, Molière se sert de tout. L'amusant : « Ris donc, parterre, ris donc » aurait été, a raconté Brossette, réellement dit par un brave Bourgeois, du nom de Plapisson, qui ne pensait pas, en étant aussi plaisant, arriver par là presque à l'immortalité.

Une autre chose est plus considérable, c'est ce que Molière lui-même nous dit d'Arnolphe, et il ne pouvait vraiment pas ne pas savoir ce qu'il en a dit. Certains en veulent maintenant faire un personnage tragique et une sorte d'Othello. C'est un Ridicule — Molière emploie souvent le mot au substantif, à l'état de caractère, comme si c'était une profession — et il n'y a qu'à se reporter à ce qui est dit dans la *Critique* de la façon dont il est impossible de ne pas rire d'Arnolphe dans la grande scène du cinquième Acte, si bien terminée par le « *ouf* », qu'on a tant raillé et qui est le seul mot par lequel Arnolphe puisse sortir puisqu'il n'a plus rien à dire, à moins de s'emporter en un interminable monologue de drame et de tragédie.

On ne saurait aussi trop remarquer l'esprit et le naturel du dénouement. Quand chacun ne pourrait plus que se répéter, Uranie, la maîtresse de la maison, ne peut s'empêcher de dire :

« Il se passe des choses assez plaisantes dans notre dispute. Je trouve qu'on en pourroit faire une Comédie, et cela ne feroit pas mal à la queue de l'*Escole des Femmes*. »

Là-dessus, le brave petit Galopin, qui a jusque-là entassé bêtise sur bêtise, ouvre la porte pour dire innocemment: « Madame, on a servy sur table », et il apporte le meilleur dénouement possible et le plus inattendu. Le tout n'a été qu'une conversation, et il se trouve que c'est une Pièce.

Après le plaidoyer de Molière, la cause était entendue, et ceux qui ont pris la parole après et contre lui ont, sinon pour notre curiosité, au moins pour eux-mêmes, perdu une belle occasion de se taire. De Visé, qui avait déjà dit son mot, ne voulut pas s'en tenir là. Il écrivit et se hâta de faire paraître — le privilège est du 15 juillet 1663 et l'achevé d'imprimer du 4 août — un acte en prose intitulé *Zélinde, ou la véritable critique de l'Escole des Femmes et la critique de « la Critique »*. Trop jeune et encore trop peu connu pour faire jouer son œuvre, il la publia pour se mettre en lumière et profiter du bruit que faisaient les deux Pièces de Molière.

C'est même lui qui le premier a désigné Molière par l'anagramme, peu déguisé, d'*Elomire*, changé par Robinet en *Elimore*, et repris en 1670, par Le Boulanger de Chalussay dans son odieux pamphlet d'*Elomire hypocondre ou les Médecins vengés*.

La *Zélinde*, heureusement pour de Visé, n'a pas versé dans l'attaque de la personne. L'action est aussi légère que celle des *Fâcheux* et de la *Critique* elle-même. Oriane vient chez un marchand de dentelles de la rue Saint-Denis, attendre son amant auquel elle a donné rendez-vous, et, comme le marchand est grand amateur de théâtre, la conversation des allants et venants, sauf deux passages, d'ailleurs amusants, sur les dentelles et la nouvelle forme des chapeaux d'hommes, porte tout entière sur le sujet du jour, et, malgré l'importance trop grande donnée à des remarques puériles, certaines remarques ne sont pas sans valeur. Zélinde, l'illustre Zélinde « qui escrit si bien en vers et en prose », peut-être en souvenir de Mademoiselle de Scudéry, fait intervenir un nouveau thème. Molière blâme le sexe et l'esprit tout ensemble; c'est un moyen d'essayer de mettre contre lui toutes les femmes. C'est aussi dans la scène de Zélinde que se trouve, avant Grimarest et La Martinière, la seule allusion contemporaine que l'on connaisse à « l'avanture de tarte à la cresme, arrivée depuis peu à « Elomire, dont il n'entendra jamais parler, ni se mettra sa perruque, sans « se ressouvenir qu'il ne fait pas bon jouer les Princes, et qu'ils ne sont « pas si insensibles que les Marquis Turlupins.—Vous avez raison, et cette

« avanture fait voir que ce Prince, qui blasma d'abord l'*Escolle des Femmes*,
« avoit plus de lumières que d'autres ». Mais cela ne nous dit pas si, au
XVIIIe siècle, on a eu raison de mettre l'affaire au compte du Duc de La
Feuillade; c'était un si parfait courtisan qu'il serait étonnant de sa part de
s'être laissé aller à une brutalité matérielle contre quelqu'un aussi en
faveur auprès du Roi.

En somme, malgré la modération de la forme, Visé est hostile; il est
alors de ceux que gêne la valeur de Molière, et qui s'efforcent à le rabaisser. Il était même tenace, et ne se contenta ni du passage des *Nouvelles
nouvelles*, ni de *Zélinde*; car, un an après, un long passage de sa *Lettre sur
les affaires du Théâtre*, publiée dans les *Diversités galantes*, revenait encore
sur l'*Ecole des Femmes*, et ajoutait à ses critiques littéraires l'insinuation, peu
charitable, que s'attaquer aux Marquis était un manque de respect au Roi.

Quant à Boursault, ce n'était pas la première fois qu'il s'en prenait à
Molière. S'il n'imprima qu'en 1665 son *Médecin volant*, — ce n'est pas
autre chose que la Farce de Molière mise en vers — il avait été joué
en 1661, et cette façon cavalière de se servir de l'œuvre d'un autre ne
devait pas l'avoir mis au mieux avec Molière. Est-ce à la suite de cette
cause possible de froideur qu'il profita d'un courant de l'opinion pour s'en
prendre à Molière, ou crut-il réellement avoir à se reconnaître dans le
personnage de Lycidas? Sans lui attribuer le calcul de s'être donné l'air
de le croire pour augmenter son importance, il est plus probable qu'il a
voulu attirer sur lui l'attention par la hardiesse d'une attaque qui ne pouvait pas rester inaperçue, et l'idée pourrait bien en avoir été inspirée, sinon
par Corneille lui-même, alors hostile à Molière, au moins par ses partisans.

Quoi qu'il en soit, Boursault était trop jeune et point encore assez
célèbre pour que Molière ait pu penser à lui faire l'honneur de le prendre
à partie. De Visé, dans *Zélinde*, cite un autre nom, beaucoup plus naturel.
Dans la lettre de Licaste à Molière, que celui-ci est censé avoir perdue,
on lit: « J'oubliois à vous dire que tout le commencement du rolle de
« Licidas est tiré des *Nouvelles nouvelles*, et que vostre Chevalier » — c'est-
à-dire le Dorante de la *Critique* — « se divertit aux despens de l'Abbé Daubignac, qui s'en est luy-mesme bien aperceu ». L'Abbé d'Aubignac prétendait être le législateur du théâtre, et il était de si bonne foi qu'il avait réussi
à le faire croire aux autres, même à Corneille. Par malheur, celui dont le
Code légiférait si bien la façon de faire de bonnes Pièces, n'en faisait que

d'exécrables, et Molière le savait bien : « Ceux qui parlent le plus des
« règles et qui les savent le mieux, font des Comédies que personne ne
« trouve belles ». Malgré cela, l'Abbé d'Aubignac était écouté et avait une
grande situation. Si Licidas est quelqu'un, c'est lui et non pas Boursault.

L'impression du *Portrait du Peintre* est postérieure à la représentation
de l'*Impromptu*. Celui-ci avait été joué d'abord à Versailles, devant le
Roi, entre le 11 et le 23 octobre, et pour la première fois à Paris le
4 novembre. Dans sa Préface, Boursault y fait allusion; d'ailleurs son
Privilège est du 30 octobre, et son achevé d'imprimer du 17 novembre.
On ignore la date de sa représentation à l'Hôtel de Bourgogne, mais elle
doit avoir eu lieu en août ou en septembre, et a dû être un succès.

C'est de beaucoup la meilleure des Pièces écrites contre l'*École des
Femmes*, et par là même on comprend que Molière, qui croyait s'être
donné le dernier mot en faisant jouer la *Critique*, en ait été assez atteint
pour reprendre la plume et en finir cette fois par une dernière réplique,
en quoi il se trompa, puisque Villiers et Montfleury, auxquels Molière ne
répondit pas, traitèrent l'*Impromptu* comme on avait fait la *Critique*.

Le *Portrait du Peintre*, qui se trouve dans le *Théâtre* de Boursault,
est par là bien connu et si facile à rencontrer qu'il n'y a pas à insister.
Les curieux trouveront les autres Pièces dans la Collection Moliéresque
de M. Paul Lacroix; tous les lecteurs de Molière doivent connaître *le
portrait du Peintre*, puisqu'il en a été assez touché pour l'avoir jugé digne
de sa colère.

Par la Pièce de Boursault, l'Hôtel de Bourgogne, qui devait revenir
encore à la charge avec l'*Impromptu de l'Hôtel de Condé*, de Montfleury, avait
fait son possible pour se venger de Molière. La troisième Troupe qui jouât
alors à Paris, et qui restait au-dessous de l'importance des deux autres,
ne manqua pas de dire aussi son mot et d'intervenir dans le procès, pour
profiter de l'intérêt que le public prenait à cette querelle Comique.

Chevrier, un des Acteurs du Marais, très méchant écrivain, mais
curieux par la façon dont il rattachait ses sujets aux actualités, — ainsi
La Désolation des Filous et *L'Intrigue des Carrosses à cinq sous* — ajouta à ses
Amours de Calotin, imprimés en 1664 avec un privilège du 30 janvier, tout
un en-tête et comme un prologue Moliéresque. L'action de sa Pièce ne
commence qu'à la seconde scène du second acte; tout ce qui précède se
rapporte à la *Critique*, au *Portrait du Peintre* et à l'*Impromptu*. C'est la

conversation de spectateurs qui sont déjà assis sur les bancs et les chaises de la scène, et qui attendent la Piéce en parlant de la querelle à la mode. C'est cela seul qui est aujourd'hui intéressant.

Chevalier est bien informé. Il sait que Molière a quatre parts ; il ajoute son témoignage à ceux de Robinet et de Villiers sur la présence de Molière allant bravement sur la scène de l'Hôtel de Bourgogne assister à la première représentation de la Piéce qui l'attaquait, et donnant au public

. . . . *le charme sans égal*
De voir et la copie et son original.

En même temps, Chevalier est certainement du côté de Molière. Tout en rappelant les critiques du *Portrait du Peintre*, il prend parti pour l'auteur de l'*École des Femmes*. Les vers sont plus que médiocres, mais, quand Chevalier conclut

. . . . *que, pour plaire aujourd'huy,*
Il faut estre Molière, ou faire comme luy,

cet hommage, hautement rendu sur un Théâtre rival, fait honneur à Chevalier, et nous intéresse à lui.

Ce n'est pas une Piéce de Théâtre que le *Panégyrique de l'Escole des Femmes*, mais un dialogue entre des amants et leurs maîtresses. L'achevé d'imprimer est du 30 novembre 1663, et le privilège du 30 octobre, le jour même de celui de Boursault. C'est l'œuvre de Robinet, qui, deux ans après, devait devenir l'un des continuateurs de Loret, et elle n'a rien de saillant. Quoique la forme en soit modérée et qu'elle contienne aussi bien des éloges que des critiques, elle est au total assez équivoque, malgré son titre; car, à la fin, les deux défenseurs de Molière passent au parti contraire, par politesse, il est vrai, pour leurs belles et ne pas se faire tort dans leurs bonnes grâces.

La dernière pièce du procès de la *Critique* est la *Guerre Comique*. On connaît, à cette époque, deux ouvrages sous ce titre, et des catalogues se sont trompés plus d'une fois en citant comme publiée contre Molière la *Guerre Comique*, dédiée à Madame de Lyonne, et publiée chez Claude Barbin, en 1668, ce qui serait d'une actualité un peu attardée. Dans les trois chants de ce poème en vers de huit pieds, il n'est nullement question de Molière; c'est une variation en burlesque sur la bataille des Rats et des Grenouilles à joindre aux imitations de la *Batrachomyomachie*. Ce qui se rapporte à Molière, c'est la *Guerre Comique ou la défense de l'Escole des Femmes*, par le Sieur de la Croix, publiée à Paris, chez Pierre Bienfait, dans la grand'Salle du Palais, en 1664, avec un privilège du 13 février registré le 13 mars et achevé d'imprimer le 17.

L'ouvrage est dédié à Monsieur L. P. C. B. D. N. Q., dont, à moins que ce ne soient des initiales de fantaisie, le nom reste une énigme ; ce serait ne rien dire que de proposer Le Président C..., Baron de..., puisque cela laisse précisément le nom en dehors. Il serait plus utile de savoir mieux ce qu'était le Sieur de la Croix. Beauchamps l'appelle Pierre ; le Bibliophile Jacob a proposé Preschac, parce qu'à la fin de la *Guerre Comique* un avis du libraire annonce que « Monsieur de la Croix est prest de mettre sous la presse une troisième Partie du *Roman Comique* », laissé inachevé par Scarron, et qu'une des deux suites, imprimée plus tard, est signée du nom de Preschac, qui aurait bien pu s'appeler Preschac, Sieur de la Croix. L'hypothèse était ingénieuse ; elle tombe devant l'enregistrement à la Chambre syndicale des Libraires du privilège pris par lui avant de s'être assuré d'un Libraire. Il y est appelé *Philippe*, et cette inscription officielle nous assure qu'on n'a pas affaire à un pseudonyme, mais à un vrai nom.

On est tout à la fin de la querelle, puis qu'il y est fait allusion au *Portrait du Peintre*, à l'*Impromptu de Versailles* et à l'*Impromptu de l'Hôtel de Condé*.

Après un dialogue burlesque entre Momus et Apollon, viennent quatre disputes plaidées en dialogues devant lui. Parmi les interlocuteurs, on remarque le Chevalier Philinte, dont Molière reprendra le nom dans le *Misanthrope*, et qui est son avocat, le Marquis Alcipe, le gros Bourgeois Rosimon, et le Sieur de la Rancune, le vieux Comédien grincheux du *Roman Comique*, qui sont tous les quatre contre Molière.

Il est, bien entendu, question du nombre des récits, du fameux *le*, des *Maximes du Mariage*, de la grosseur du pavé, de l'invraisemblance des a-parte d'Arnolphe, qui n'entend pas le Notaire alors que celui-ci répond à tout ce qu'il dit. Le tout se termine par un Arrêt d'Apollon, rendu en faveur de l'*École des Femmes* ; il est en vers de huit pieds et écrit d'avance dans la forme qu'adopteront, au commencement du xviiie siècle, les *Brevets de la calotte*. Malgré la forme de dialogue, comme toutes ces conversations sont encadrées dans une prose mélangée de vers, il est certain que ce n'est pas une Pièce. Cela n'a pas eu à être représenté, parce que cela n'a été fait que pour être lu.

Qui sait pourtant si, dans quelqu'une de ses parties au moins, nous n'avons pas là quelque chose venant de l'œuvre de l'Abbé du Buisson, que Molière n'avait pas trouvée scénique, et Tallemant nous dit que l'Abbé faisait des vers burlesques assez méchants. Les auteurs, les amateurs n'aiment pas à laisser ce qu'ils ont fait sous le boisseau, et ne détestent pas de faire sortir et de risquer prudemment leur œuvre, *même en la donnant à arranger à un autre. En somme, le Sieur de la Croix, dont c'est le coup d'essai, résume le contre et le pour avec assez d'esprit et de sens, mais son plus grand mérite est d'avoir été pleinement pour Molière, et de s'être mis du bon côté.

Est-il nécessaire de dire que la *Vengeance des Marquis* et l'*Impromptu de l'Hôtel de Condé* se rapportent à l'histoire de l'*Impromptu de Versailles*.

ANATOLE DE MONTAIGLON.

LA CRITIQUE DE L'ÉCOLE DES FEMMES.

A LA REYNE MÈRE

Madame,

E sçay bien que Vostre Majesté n'a que faire de toutes nos Dédicaces, et que ces prétendus devoirs, dont on luy dit élégamment qu'on s'acquitte envers Elle, sont des hommages, à dire vray, dont Elle nous dispenseroit trés-volontiers. Mais je ne laisse pas d'avoir l'audace de luy dédier La Critique de l'Escole des Femmes, et je n'ay pu refuser cette petite occasion de pouvoir témoigner ma joye à Vostre Majesté, sur cette heureuse convalescence qui redonne à nos vœux la plus grande et la meilleure Princesse du Monde et nous promet en Elle de longues années d'une santé vigoureuse. Comme chacun regarde les choses du costé de ce qui le touche, je me réjouis, dans cette allégresse générale, de pouvoir encore obtenir l'honneur de divertir Vostre Majesté; Elle, Madame, qui prouve si bien que la véritable dévotion n'est point contraire aux honnestes divertissemens :

qui, de ses hautes pensées et de ses importantes occupations, descend si humainement dans le plaisir de nos spectacles, et ne dédaigne pas de rire de cette mesme bouche dont Elle prie si bien Dieu. Je flatte, dis-je, mon esprit de l'espérance de cette gloire; j'en attens le moment avec toutes les impatiences du monde, et, quand je jouyray de ce bon-heur, ce sera la plus grande joye que puisse recevoir,

MADAME,

De Vostre Majesté,

Le très-humble, très-obéissant
et très-fidelle serviteur, et subjet,

J.-B. P. MOLIERE.

Extraict du Privilège du Roy.

Par Grâce et Privilège du Roy, donné à Paris le 10 Juin 1663, signé *Par le Roy en son Conseil :* BOUCHARD, il est permis à Charles de Sercy, Marchand Libraire de nostre bonne Ville de Paris, de faire imprimer une Pièce de Théâtre, de la composition du Sieur DE MOLIÈRE, intitulée : *La Critique de l'Escole des Femmes*, pendant le temps de sept années, et Deffences sont faites à toutes personnes, de quelque qualité et condition qu'ils soient, d'imprimer, vendre ny débiter ladite Comédie de *La Critique de l'Escole des Femmes*, à peine de mille livres d'amende, et de tous despens, dommages et intérests, comme il est plus amplement porté par lesdites Lettres.

Et ledit DE SERCY *a fait part du Privilège cy-dessus aux Sieurs* JOLY, DE LUYNE, BILLAINE, LOYSON, GUIGNARD, BARBIN *et* QUINET, *pour en jouir le temps porté par iceluy.*

Registré sur le Livre de la Communauté des Marchands Libraires et Imprimeurs, le 21 Juillet 1663.

Signé : MARTIN, Syndic.

Achevé d'imprimer pour la première fois, le 7 Aoust 1663.

Les Exemplaires ont esté fournis.

LES PERSONNAGES

URANIE.

ELISE.

CLIMÈNE.

Galopin, Laquais.

Le MARQUIS.

DORANTE, ou Le Chevalier.

LYSIDAS, Poëte.

LA CRITIQUE DE L'ESCOLE DES FEMMES
COMEDIE

SCÈNE PREMIÈRE

URANIE, ÉLISE

URANIE

QUOY, Cousine, personne ne t'est venu rendre visite ?

ÉLISE

Personne du monde.

URANIE

Vrayment, voilà qui m'étonne, que nous ayons esté seules, l'une et l'autre, tout aujourd'huy.

ÉLISE

Cela m'estonne aussi, car ce n'est guères nostre

coûtume, et vostre maison, Dieu mercy, est le refuge ordinaire de tous les fainéans de la Cour.

URANIE

L'après-dînée, à dire vray, m'a semblé fort longue.

ÉLISE

Et moy, je l'ay trouvée fort courte.

URANIE

C'est que les beaux esprits, Cousine, ayment la solitude.

ÉLISE

Ah! très-humble servante au bel esprit; vous sçavez que ce n'est pas là que je vise.

URANIE

Pour moy, j'ayme la compagnie, je l'avoue.

ÉLISE

Je l'ayme aussi, mais je l'ayme choisie, et la quantité des sottes visites qu'il vous faut essuyer parmy les autres, est cause bien souvent que je prens plaisir d'estre seule.

URANIE

La délicatesse est trop grande, de ne pouvoir souffrir que des gens triez.

ÉLISE

Et la complaisance est trop générale, de souffrir indifféremment toutes sortes de personnes.

URANIE

Je gouste ceux qui sont raisonnables, et me divertis des extravagans.

ÉLISE

Ma foy, les extravagans ne vont guères loin sans vous ennuyer, et la plus-part de ces gens-là ne sont plus plaisans dès la seconde visite. Mais, à propos d'extravagans, ne voulez-vous pas me défaire de vostre Marquis incommode? Pensez-vous me le laisser toujours sur les bras, et que je puisse durer à ses turlupinades perpétuelles?

URANIE

Ce langage est à la mode, et l'on le tourne en plaisanterie à la Cour.

ÉLISE

Tant-pis pour ceux qui le font, et qui se tuent tout le jour à parler ce jargon obscur. La belle chose de faire entrer, aux conversations du Louvre, de vieilles équivoques ramassées parmy les boues des Halles et de la Place Maubert! La jolie façon de plaisanter pour des Courtisans, et qu'un homme monstre d'esprit lors qu'il vient vous dire : *Madame, vous estes dans la Place Royale, et tout le monde vous voit de trois lieues de Paris, car chacun vous voit de bon œil*, à cause que Boneuil est un village à trois lieues d'icy! Cela n'est-il pas bien galant et bien spirituel, et ceux qui trouvent ces belles rencontres n'ont-ils pas lieu de s'en glorifier?

URANIE

On ne dit pas cela aussi comme une chose spirituelle, et la plus-part de ceux qui affectent ce langage sçavent bien eux-mesmes qu'il est ridicule.

ÉLISE

Tant-pis encore, de prendre peine à dire des sottises, et d'estre mauvais plaisants de dessein formé. Je les en tiens moins excusables, et, si j'en estois juge, je sçay bien à quoy je condamnerois tous ces Messieurs les Turlupins.

URANIE

Laissons cette matière, qui t'échauffe un peu trop, et disons que Dorante vient bien tard, à mon avis, pour le soûpé que nous devons faire ensemble.

ÉLISE

Peut-estre l'a-t-il oublié, et que...

SCÈNE II

GALOPIN, URANIE, ÉLISE

GALOPIN

Voilà Climène, Madame, qui vient icy pour vous voir.

URANIE

Eh, mon Dieu, quelle visite !

ÉLISE

Vous vous plaigniez d'estre seule ; aussi le Ciel vous en punit.

URANIE

Viste, qu'on aille dire que je n'y suis pas.

GALOPIN

On a déjà dit que vous y estiez.

URANIE

Et qui est le sot qui l'a dit ?

GALOPIN

Moy, Madame.

URANIE

Diantre soit le petit vilain ! Je vous apprendray bien à faire vos réponces de vous-mesme.

GALOPIN

Je vais luy dire, Madame, que vous voulez estre sortie.

URANIE

Arrestez, animal, et la laissez monter, puis que la sottise est faite.

GALOPIN

Elle parle encore à un homme dans la rue.

URANIE

Ah, Cousine, que cette visite m'embarrasse à l'heure qu'il est !

ÉLISE

Il est vray que la Dame est un peu embarrassante de son naturel. J'ay tousjours eu pour elle une furieuse aversion, et, n'en déplaise à sa Qualité, c'est la plus sotte beste qui se soit jamais meslée de raisonner.

URANIE

L'épithète est un peu forte.

ÉLISE

Allez, allez, elle mérite bien cela, et quelque chose de plus, si on luy faisoit justice. Est-ce qu'il y a une personne qui soit plus véritablement qu'elle ce qu'on appelle Prétieuse, à prendre le mot dans sa plus mauvaise signification ?

URANIE

Elle se deffend bien de ce nom, pourtant.

ÉLISE

Il est vray. Elle se deffend du nom, mais non pas de la chose, car enfin elle l'est depuis les pieds jusqu'à la teste, et la plus grande façonnière du Monde. Il semble que tout son corps soit démonté, et que les mouvements de ses hanches, de ses espaules et de sa teste, n'aillent que par ressorts. Elle affecte tousjours un ton de voix languissant, et niais; fait la moue pour montrer une petite bouche, et roule les yeux pour les faire paroistre grands.

URANIE

Doucement donc. Si elle venoit à entendre...

ÉLISE

Point, point, elle ne monte pas encore. Je me souviens toujours du soir qu'elle eut envie de voir Damon, sur la réputation qu'on luy donne, et les choses que le public a veues de luy. Vous connoissez l'homme, et sa naturelle paresse à soustenir la conversation. Elle l'avoit invité à soupé, comme bel esprit, et jamais il ne parut si sot, parmy une demie douzaine de gens à qui elle avoit fait feste de luy, et qui le regardoient, avec de grands yeux, comme une personne qui ne devoit pas estre faite comme les autres. Ils pensoient tous qu'il estoit là pour deffrayer la Compagnie de bons mots ; que chaque parole qui sortoit de sa bouche devoit estre extraordinaire : qu'il devoit faire des *impromptus* sur tout ce qu'on disoit, et ne demander à boire qu'avec une pointe. Mais il les trompa fort par son silence, et la Dame fut aussi mal satisfaite de luy que je le fus d'elle.

URANIE

Tay-toy. Je vais la recevoir à la porte de la chambre.

ÉLISE

Encore un mot. Je voudrois bien la voir mariée avec le Marquis dont nous avons parlé. Le bel assemblage que ce seroit d'une Prétieuse et d'un Turlupin!

URANIE

Veux-tu te taire ? La voicy.

SCENE III

CLIMÈNE, URANIE, ÉLISE, GALOPIN

URANIE

Vrayment, c'est bien tard que...

CLIMÈNE

Eh, de grâce, ma chère, faites-moy viste donner un siège.

URANIE

Un fauteuil, promptement.

CLIMÈNE

Ah, mon Dieu !

URANIE

Qu'est-ce donc ?

CLIMÈNE

Je n'en puis plus.

URANIE

Qu'avez-vous ?

CLIMÈNE

Le cœur me manque.

URANIE

Sont-ce vapeurs qui vous ont prise ?

CLIMÈNE

Non.

URANIE

Voulez-vous que l'on vous délasse ?

CLIMÈNE

Mon Dieu, non. Ah !

URANIE

Quel est donc vostre mal, et depuis quand vous a-t'il pris ?

CLIMÈNE

Il y a plus de trois heures, et je l'ay rapporté du Palais Royal.

URANIE

Comment ?

CLIMÈNE

Je viens de voir, pour mes péchez, ceste meschante Rapsodie de *l'Escole des Femmes*. Je suis encore en défaillance du mal de cœur que cela m'a donné, et je pense que je n'en reviendray de plus de quinze jours.

ÉLISE

Voyez un peu, comme les maladies arrivent sans qu'on y songe !

URANIE

Je ne sçay pas de quel tempérament nous sommes, ma Cousine et moy; mais nous fusmes avant-hier à la mesme Pièce, et nous en revinsmes toutes deux saines et gaillardes.

CLIMÈNE

Quoy, vous l'avez veue ?

URANIE

Ouy, et écoutée d'un bout à l'autre.

CLIMÈNE

Et vous n'en avez pas esté jusques aux convulsions, ma chère ?

URANIE

Je ne suis pas si délicate, Dieu mercy, et je trouve, pour moy, que cette Comédie seroit plutost capable de guérir les gens que de les rendre malades.

CLIMÈNE

Ah, mon Dieu, que dites-vous là ? Cette proposition peut-elle estre avancée par une personne qui ait du revenu en sens commun ? Peut-on impunément, comme vous faites, rompre en visière à la Raison, et, dans le vray de la chose, est-il un esprit si affamé de plaisanterie qu'il puisse taster des fadaises dont cette Comédie est assaisonnée ? Pour moy, je vous avoue que je n'ay pas trouvé le moindre grain de sel dans tout cela. Les *enfans par l'oreille* m'ont paru d'un goust détestable ; la *tarte à la crême* m'a affady le cœur, et j'ai pensé vomir au *potage*.

ÉLISE

Mon Dieu ! que tout cela est dit élégamment ! J'aurois cru que cette Pièce estoit bonne ; mais Madame a une éloquence si persuasive, elle tourne les choses d'une manière si agréable, qu'il faut estre de son sentiment, malgré qu'on en ait.

URANIE

Pour moy, je n'ay pas tant de complaisance, et, pour dire ma pensée, je tiens cette Comédie une des plus plaisantes que l'Autheur ait produites.

CLIMÈNE

Ah, vous me faites pitié de parler ainsi, et je ne sçaurois vous souffrir cette obscurité de discernement. Peut-on, ayant de la vertu, trouver de l'agrément dans une Pièce qui tient sans cesse la pudeur en allarme, et salit à tous momens l'imagination ?

ÉLISE

Les jolies façons de parler que voilà! Que vous estes, Madame, une rude joueuse en Critique, et que je plains le pauvre Molière de vous avoir pour ennemie.

CLIMÈNE

Croyez-moy, ma chère, corrigez de bonne foy vostre jugement, et, pour vostre honneur, n'allez point dire par le monde que cette Comédie vous ait plu.

URANIE

Moy, je ne sçai pas ce que vous y avez trouvé qui blesse la pudeur.

CLIMÈNE

Hélas, tout, et je mets en fait qu'une honneste femme

ne la sçauroit voir sans confusion, tant j'y ay descouvert d'ordures, et de saletez.

URANIE

Il faut donc que, pour les ordures, vous 'ayez des lumières que les autres n'ont pas, car, pour moy, je n'y en ay point veu.

CLIMÈNE

C'est que vous ne voulez pas y en avoir veu, asseurément ; car enfin toutes ces ordures, Dieu mercy, y sont à visage découvert. Elles n'ont pas la moindre enveloppe qui les couvre, et les yeux les plus hardis sont effrayez de leur nudité.

ÉLISE

Ah !

CLIMÈNE

Hay, hay, hay.

URANIE

Mais encore, s'il vous plaist, marquez-moy une de ces ordures que vous dites.

CLIMÈNE

Hélas ! est-il nécessaire de vous les marquer ?

URANIE

Ouy. Je vous demande seulement un endroit qui vous ait fort choquée.

IX.

CLIMÈNE

En faut-il d'autre que la scène de cette Agnès, lors qu'elle dit ce que l'on luy a pris ?

URANIE

Et bien, que trouvez-vous là de sale ?

CLIMÈNE

Ah !

URANIE

De grâce ?

CLIMÈNE

Fy !

URANIE

Mais encore ?

CLIMÈNE

Je n'ay rien à vous dire.

URANIE

Pour moy, je n'y entens point de mal..

CLIMÈNE

Tant pis pour vous.

URANIE

Tant mieux plutost, ce me semble. Je regarde les choses du costé qu'on me les monstre, et ne les tourne point pour y chercher ce qu'il ne faut pas voir.

CLIMÈNE

L'honnesteté d'une femme...

URANIE

L'honnesteté d'une femme n'est pas dans les grimaces. Il sied mal de vouloir estre plus sage que celles qui sont sages. L'affectation en cette matière est pire qu'en toute autre, et je ne voy rien de si ridicule que cette délicatesse d'honneur qui prend tout en mauvaise part, donne un sens criminel aux plus innocentes paroles, et s'offence de l'ombre des choses. Croyez-moy, celles qui font tant de façons n'en sont pas estimées plus femmes de bien. Au contraire, leur sévérité mystérieuse, et leurs grimaces affectées irritent la censure de tout le monde contre les actions de leur vie. On est ravy de découvrir ce qu'il y peut avoir à redire, et, pour tomber dans l'exemple, il y avoit l'autre jour des Femmes à cette Comédie, vis-à-vis de la Loge où nous estions, qui, par les mines qu'elles affectèrent durant toute la Pièce, leurs détournemens de teste et leurs cachemens de visage, firent dire de tous costez cent sottises de leur conduite, que l'on n'auroit pas dites sans cela, et quelqu'un mesme des Laquais cria tout haut qu'elles estoient plus chastes des oreilles que de tout le reste du corps.

CLIMÈNE

Enfin, il faut estre aveugle dans cette Pièce, et ne pas faire semblant d'y voir les choses!

URANIE

Il ne faut pas y vouloir voir ce qui n'y est pas.

CLIMÈNE

Ah, je soutiens, encore un coup, que les saletez y crèvent les yeux.

URANIE

Et moy, je ne demeure pas d'accord de cela.

CLIMÈNE

Quoy, la pudeur n'est pas visiblement blessée par ce que dit Agnès dans l'endroit dont nous parlons ?

URANIE

Non vrayment. Elle ne dit pas un mot qui de soy ne soit fort honneste, et, si vous voulez entendre des-sous quelque autre chose, c'est vous qui faites l'or-dure, et non pas elle, puisqu'elle parle seulement d'un ruban qu'on luy a pris.

CLIMÈNE

Ah ! ruban, tant qu'il vous plaira ; mais ce *le*, où elle s'arreste, n'est pas mis pour des prunes. Il vient sur ce *le* d'estranges pensées. Ce *le* scandalise furieusement, et, quoy que vous puissiez dire, vous ne sçauriez deffendre l'insolence de ce *le*.

ÉLISE

Il est vray, ma Cousine ; je suis pour Madame

contre ce *le*. Ce *le* est insolent au dernier point, et vous avez tort de deffendre ce *le*.

CLIMÈNE

Il a une obcénité qui n'est pas supportable.

ÉLISE

Comment dites-vous ce mot-là, Madame ?

CLIMÈNE

Obcénité, Madame.

ÉLISE

Ah! mon Dieu! obcénité. Je ne sçay ce que ce mot veut dire, mais je le trouve le plus joly du monde.

CLIMÈNE

Enfin, vous voyez comme vostre sang prend mon party.

URANIE

Eh! mon Dieu! c'est une causeuse, qui ne dit pas ce qu'elle pense. Ne vous y fiez pas beaucoup, si vous m'en voulez croire.

ÉLISE

Ah, que vous estes meschante de me vouloir rendre suspecte à Madame! Voyez un peu où j'en serois, si elle alloit croire ce que vous dites. Serois-je si malheureuse, Madame, que vous eussiez de moy cette pensée ?

CLIMÈNE

Non, non, je ne m'arreste pas à ses paroles, et je vous croy plus sincère qu'elle ne dit.

ÉLISE

Ah! que vous avez bien raison, Madame, et que vous me rendrez justice quand vous croirez que je vous trouve la plus engageante personne du monde, que j'entre dans tous vos sentimens, et suis charmée de toutes les expressions qui sortent de vostre bouche.

CLIMÈNE

Hélas, je parle sans affectation.

ÉLISE

On le voit bien, Madame, et que tout est naturel en vous. Vos paroles, le ton de vostre voix, vos regards, vos pas, vostre action et vostre ajustement, ont je ne sçay quel air de Qualité qui enchante les gens. Je vous étudie des yeux et des oreilles, et je suis si remplie de vous que je tasche d'estre vostre singe et de vous contrefaire en tout.

CLIMÈNE

Vous vous mocquez de moy, Madame.

ÉLISE

Pardonnez-moy, Madame. Qui voudroit se mocquer de vous?

CLIMÈNE

Je ne suis pas un bon modèle, Madame.

ÉLISE

O que si, Madame !

CLIMÈNE

Vous me flatez, Madame.

ÉLISE

Point du tout, Madame.

CLIMÈNE

Espargnez-moy, s'il vous plaist, Madame.

ÉLISE

Je vous espargne aussi, Madame, et je ne dis pas la moitié de ce que je pense, Madame.

CLIMÈNE

Ah, mon Dieu, brisons là, de grâce ; vous me jetteriez dans une confusion épouvantable.

A Uranie :

Enfin, nous voilà deux contre vous, et l'opiniâtreté sied si mal aux personnes spirituelles...

SCÈNE IV

LE MARQUIS, CLIMÈNE, GALOPIN, URANIE, ÉLISE

GALOPIN
Arrestez, s'il vous plaist, Monsieur.

LE MARQUIS
Tu ne me connois pas, sans doute.

GALOPIN
Si fèt, je vous connois ; mais vous n'entrerez pas.

LE MARQUIS
Ah, que de bruit, petit Laquais !

GALOPIN
Cela n'est pas bien de vouloir entrer malgré les gens.

LE MARQUIS
Je veux voir ta Maistresse.

GALOPIN
Elle n'y est pas, vous dis-je.

LE MARQUIS
La voilà dans la chambre.

GALOPIN
Il est vray, la voilà; mais elle n'y est pas.

URANIE
Qu'est-ce donc qu'il y a là ?

LE MARQUIS
C'est vostre Laquais, Madame, qui fait le sot.

GALOPIN
Je luy dis que vous n'y estes pas, Madame, et il ne veut pas laisser d'entrer.

URANIE
Et pourquoy dire à Monsieur que je n'y suis pas ?

GALOPIN
Vous me grondâtes l'autre jour de luy avoir dit que vous y estiez.

URANIE
Voyez cet insolent ! Je vous prie, Monsieur, de ne pas croire ce qu'il dit. C'est un petit écervelé, qui vous a pris pour un autre.

LE MARQUIS
Je l'ay bien veu, Madame, et, sans vostre respect, je luy aurois appris à connoistre les gens de Qualité.

ÉLISE
Ma Cousine vous est fort obligée de cette déférence.

URANIE

Un siège donc, impertinent.

GALOPIN

N'en voilà-t-il pas un ?

URANIE

Approchez-le.

Le petit Laquais pousse le siège rudement.

LE MARQUIS

Vostre petit Laquais, Madame, a du mépris pour ma personne.

ÉLISE

Il auroit tort, sans doute.

LE MARQUIS

C'est peut-estre que je paye l'intérest de ma mauvaise mine. Hay, hay, hay, hay.

ÉLISE

L'âge le rendra plus éclairé en honnestes gens.

LE MARQUIS

Sur quoy en estiez-vous, Mesdames, lors que je vous ay interrompues ?

URANIE

Sur la Comédie de l'*Escole des Femmes*.

LE MARQUIS

Je ne fais que d'en sortir.

CLIMÈNE

Et bien, Monsieur, comment la trouvez-vous, s'il vous plaist?

LE MARQUIS

Tout à fait impertinente.

CLIMÈNE

Ah, que j'en suis ravie!

LE MARQUIS

C'est la plus méchante chose du monde. Comment, Diable! A peine ay-je pu trouver place. J'ay pensé estre étoufé à la porte, et jamais on ne m'a tant marché sur les pieds. Voyez comme mes canons et mes rubans en sont ajustez, de grâce.

ÉLISE

Il est vray que cela crie vengeance contre l'*Escole des Femmes*, et que vous la condamnez avec justice.

LE MARQUIS

Il ne s'est jamais fait, je pense, une si méchante Comédie.

URANIE

Ah, voicy Dorante que nous attendions.

SCÈNE V

DORANTE, LE MARQUIS, CLIMÈNE, ÉLISE, URANIE.

DORANTE

Ne bougez, de grâce, et n'interrompez point vostre discours. Vous estes là sur une matière qui, depuis quatre jours, fait presque l'entretien de toutes les maisons de Paris, et jamais on n'a rien veu de si plaisant que la diversité des jugemens qui se font là dessus. Car enfin, j'ay ouy condamner cette Comédie à certaines gens, par les mesmes choses que j'ay veu d'autres estimer le plus.

URANIE

Voilà, Monsieur le Marquis, qui en dit force mal.

LE MARQUIS

Il est vray. Je la trouve détestable, morbleu! détestable, du dernier détestable, ce qu'on appelle détestable.

DORANTE

Et moy, mon cher Marquis, je trouve le jugement détestable.

LE MARQUIS

Quoy, Chevalier, est-ce que tu prétens soustenir cette Pièce?

DORANTE
Ouy, je prétends la soustenir.

LE MARQUIS
Parbleu, je la garantis détestable.

DORANTE
La caution n'est pas Bourgeoise. Mais, Marquis, par quelle raison, de grâce, cette Comédie est-elle ce que tu dis ?

LE MARQUIS
Pourquoy elle est détestable ?

DORANTE
Ouy.

LE MARQUIS
Elle est détestable, parce qu'elle est détestable.

DORANTE
Après cela, il n'y a plus rien à dire; voilà son procèz fait. Mais encore instruis nous, et nous dy les défauts qui y sont.

LE MARQUIS
Que sçay-je, moy ? Je ne me suis pas seulement donné la peine de l'escouter. Mais enfin je sçay bien que je n'ay jamais rien veu de si méchant, Dieu me damne, et Dorilas, contre qui j'estois, a esté de mon advis.

DORANTE

L'authorité est belle, et te voilà bien appuyé.

LE MARQUIS

Il ne faut que voir les continuels éclats de rire que le Parterre y fait. Je ne veux point d'autre chose pour témoigner qu'elle ne vaut rien.

DORANTE

Tu es donc, Marquis, de ces Messieurs du bel air qui ne veulent pas que le Parterre ait du sens commun, et qui seroient faschez d'avoir ry avec luy, fût-ce de la meilleure chose du monde? Je vis l'autre jour sur le Théâtre un de nos amis qui se rendit ridicule par là. Il écouta toute la Pièce avec un sérieux le plus sombre du monde, et tout ce qui égayoit les autres ridoit son front. A tous les éclats de risées, il haussoit les espaules, et regardoit le Parterre en pitié; et quelquefois aussi, le regardant avec dépit, il luy disoit tout haut : *Ry donc, Parterre, ry donc*. Ce fut une seconde Comédie que le chagrin de nostre amy. Il la donna en galand homme à toute l'assemblée, et chacun demeura d'accord qu'on ne pouvoit pas mieux jouer qu'il fit. Apprens, Marquis, je te prie, et les autres aussi, que le bon sens n'a point de place déterminée à la Comédie; que la différence du demy Louis d'or et de la pièce de quinze sols ne fait rien du tout au bon goust; que, debout et assis, on peut donner un mauvais jugement, et qu'enfin, à le prendre en général, je me fierois assez à l'approbation du Parterre, par la raison qu'entre ceux qui le composent, il y en a plusieurs qui sont capables de juger d'une Pièce selon les règles, et que les autres en jugent par la bonne façon d'en juger, qui est de se laisser prendre aux choses, et de n'avoir ny prévention aveugle, ny complaisance affectée, ny délicatesse ridicule.

LE MARQUIS

Te voilà donc, Chevalier, le deffenseur du Parterre ? Parbleu, je m'en réjouys, et je ne manqueray pas de l'advertir que tu es de ses amis. Hay, hay, hay, hay, hay, hay.

DORANTE

Ry tant que tu voudras. Je suis pour le bon sens, et ne sçaurois souffrir les ébullitions de cerveau de nos Marquis de Mascarille. J'enrage de voir de ces gens qui se traduisent en Ridicules, malgré leur Qualité; de ces gens qui décident tousjours et parlent hardiment de toutes choses, sans s'y connoistre; qui, dans une Comédie, se récrieront aux méchans endroits, et ne bransleront pas à ceux qui sont bons; qui, voyant un tableau, ou écoutant un concert de musique, blasment de mesme et louent tout à contre sens, prennent par où ils peuvent les termes de l'Art qu'ils attrapent, et ne manquent jamais de les estropier et de les mettre hors de place. Eh, morbleu, Messieurs, taisez-vous. Quand Dieu ne vous a pas donné la connoissance d'une chose, n'apprestez point à rire à ceux qui vous entendent parler, et songez qu'en ne disant mot, on croira, peut-estre, que vous estes d'habiles gens.

LE MARQUIS

Parbleu, Chevalier, tu le prens là...

DORANTE

Mon Dieu, Marquis, ce n'est pas à toy que je parle. C'est à une douzaine de Messieurs qui deshonnorent les gens de Cour par leurs manières extravagantes, et font croire parmy le peuple que nous nous ressemblons tous. Pour moy, je m'en veux justifier le plus qu'il me sera possible, et je les dauberay tant, en toutes rencontres, qu'à la fin ils se rendront sages.

LE MARQUIS

Dy-moy un peu, Chevalier, crois-tu que Lysandre ait de l'esprit?

DORANTE

Ouy, sans doute, et beaucoup.

URANIE

C'est une chose qu'on ne peut pas nier.

LE MARQUIS

Demandez-luy ce qui luy semble de *l'Escole des Femmes*. Vous verrez qu'il vous dira qu'elle ne luy plaist pas.

DORANTE

Eh mon Dieu, il y en a beaucoup que le trop d'esprit gaste; qui voyent mal les choses à force de lumière; et mesme qui seroient bien faschez d'estre de l'advis des autres, pour avoir la gloire de décider.

URANIE

Il est vray. Nostre amy est de ces gens-là, sans doute. Il veut estre le premier de son opinion, et qu'on attende par respect son jugement. Toute approbation qui marche avant la sienne est un attentat sur ses lumières, dont il se vange hautement en prenant le contraire party. Il veut qu'on le consulte sur toutes les affaires d'esprit, et je suis seure que, si l'Autheur luy eust monstré sa Comédie, avant que de la faire voir au public, il l'eust trouvée la plus belle du monde.

LE MARQUIS

Et que direz-vous de la Marquise Araminte, qui la publie par tout pour épouvantable, et dit qu'elle n'a pu jamais souffrir les ordures dont elle est pleine?

DORANTE

Je diray que cela est digne du Caractère qu'elle a

pris, et qu'il y a des personnes qui se rendent ridicules pour vouloir avoir trop d'honneur. Bien qu'elle ait de l'esprit, elle a suivy le mauvais exemple de celles qui, estant sur le retour de l'âge, veulent remplacer de quelque chose ce qu'elles voyent qu'elles perdent, et prétendent que les grimaces d'une pruderie scrupuleuse leur tiendront lieu de jeunesse et de beauté. Celle-cy pousse l'affaire plus avant qu'aucune, et l'habileté de son scrupule découvre des saletez où jamais personne n'en avoit veu. On tient qu'il va, ce scrupule, jusques à deffigurer nostre langue, et qu'il n'y a point presque de mots dont la sévérité de cette Dame ne veuille retrancher ou la teste ou la queue, pour les syllabes déshonnestes qu'elle y trouve.

URANIE

Vous estes bien fou, Chevalier.

LE MARQUIS

Enfin, Chevalier, tu crois deffendre ta Comédie, en faisant la satyre de ceux qui la condamnent.

DORANTE

Non pas; mais je tiens que cette Dame se scandalise à tort...

ÉLISE

Tout-beau, Monsieur le Chevalier; il pourroit y en

avoir d'autres qu'elle qui seroient dans les mesmes sentimens.

DORANTE

Je sçay bien que ce n'est pas vous, au moins, et que, lors que vous avez veu cette représentation...

ÉLISE

Il est vray; mais j'ay changé d'avis, et Madame sçait appuyer le sien par des raisons si convaincantes qu'elle m'a entraisnée de son costé.

DORANTE

Ah, Madame, je vous demande pardon, et, si vous le voulez, je me dédiray, pour l'amour de vous, de tout ce que j'ay dit.

CLIMÈNE

Je ne veux pas que ce soit pour l'amour de moy, mais pour l'amour de la Raison; car enfin cette Pièce, à le bien prendre, est tout à fait indeffendable, et je ne conçois pas...

URANIE

Ah, voicy l'Autheur Monsieur Lysidas. Il vient tout à propos pour cette matière. Monsieur Lysidas, prenez un siège vous-mesme, et vous mettez là.

SCÈNE VI

LYSIDAS, DORANTE, LE MARQUIS, ÉLISE, URANIE, CLIMÈNE

LYSIDAS

Madame, je viens un peu tard; mais il m'a fallu lire ma Pièce chez Madame la Marquise, dont je vous avois parlé, et les louanges qui luy ont esté données m'ont retenu une heure, plus que je ne croyois.

ÉLISE

C'est un grand charme que les louanges pour arrester un Autheur.

URANIE

Asseyez-vous donc, Monsieur Lysidas; nous lirons vostre Pièce après soupé.

LYSIDAS

Tous ceux qui estoient là doivent venir à sa première représentation, et m'ont promis de faire leur devoir comme il faut.

URANIE

Je le croy. Mais, encore une fois, asseyez-vous, s'il vous plaist. Nous sommes icy sur une matière que je seray bien aise que nous poussions.

LYSIDAS

Je pense, Madame, que vous retiendrez aussi une loge pour ce jour là.

URANIE

Nous verrons. Poursuivons de grâce nostre discours.

LYSIDAS

Je vous donne advis, Madame, qu'elles sont presque toutes retenues.

URANIE

Voilà qui est bien. Enfin j'avois besoin de vous, lors que vous estes venu, et tout le monde estoit icy contre moy.

ÉLISE

Il s'est mis d'abord de vostre costé, mais, maintenant qu'il sçait que Madame est à la teste du party contraire, je pense que vous n'avez qu'à chercher un autre secours.

CLIMÈNE

Non, non, je ne voudrois pas qu'il fist mal sa cour auprès de Madame vostre Cousine, et je permets à son esprit d'estre du party de son cœur.

DORANTE

Avec cette permission, Madame, je prendray la hardiesse de me deffendre.

URANIE

Mais auparavant sçachons un peu les sentimens de Monsieur Lysidas.

LYSIDAS

Sur quoy, Madame?

URANIE

Sur le sujet de l'*Escole des Femmes*.

LYSIDAS

Ha, ha.

DORANTE

Que vous en semble?

LYSIDAS

Je n'ay rien à dire là dessus, et vous savez qu'entre nous autres Autheurs, nous devons parler des Ouvrages les uns des autres avec beaucoup de circonspection.

DORANTE

Mais encore, entre nous, que pensez-vous de cette Comédie?

LYSIDAS

Moy, Monsieur?

URANIE

De bonne foy, dites-nous vostre advis.

LYSIDAS

Je la trouve fort belle.

DORANTE

Asseurément ?

LYSIDAS

Asseurément. Pourquoy non? N'est-elle pas en effet la plus belle du monde ?

DORANTE

Hom, hom, vous estes un meschant Diable, Monsieur Lysidas ; vous ne dites pas ce que vous pensez.

LYSIDAS

Pardonnez-moy.

DORANTE

Mon Dieu, je vous connois. Ne dissimulons point.

LYSIDAS

Moy, Monsieur ?

DORANTE

Je voy bien que le bien que vous dites de cette Pièce n'est que par honnesteté, et que, dans le fond du cœur, vous estes de l'advis de beaucoup de gens, qui la trouvent mauvaise.

LYSIDAS

Hay, hay, hay.

DORANTE

Avouez, ma foy, que c'est une meschante chose que cette Comédie.

LYSIDAS

Il est vray qu'elle n'est pas approuvée par les Connoisseurs.

LE MARQUIS

Ma foy, Chevalier, tu en tiens, et te voilà payé de ta raillerie. Ah, ah, ah, ah, ah !

DORANTE

Pousse, mon cher Marquis, pousse.

LE MARQUIS

Tu vois bien que nous avons les Sçavans de nostre côté.

DORANTE

Il est vray. Le jugement de Monsieur Lysidas est quelque chose de considérable ; mais Monsieur Lysidas veut bien que je ne me rende pas pour cela ; et puisque j'ay bien l'audace de me deffendre contre les sentimens de Madame, il ne trouvera pas mauvais que je combatte les siens.

ÉLISE

Quoy ! Vous voyez contre vous Madame, Monsieur

le Marquis, et Monsieur Lysidas, et vous osez résister encore? Fy, que cela est de mauvaise grâce.

CLIMÈNE

Voilà qui me confond, pour moy, que des personnes raisonnables se puissent mettre en teste de donner protection aux sottises de cette Pièce.

LE MARQUIS

Dieu me damne, Madame, elle est misérable depuis le commencement jusqu'à la fin.

DORANTE

Cela est bien-tost dit, Marquis; il n'est rien plus aysé que de trancher ainsi, et je ne vois aucune chose qui puisse estre à couvert de la souverainneté de tes décisions.

LE MARQUIS

Parbleu, tous les autres Comédiens, qui estoient là pour la voir, en ont dit tous les maux du monde.

DORANTE

Ah, je ne dis plus mot; tu as raison, Marquis. Puisque les autres Comédiens en disent du mal, il faut les en croire asseurément. Ce sont tous gens éclairez, et qui parlent sans intérest. Il n'y a plus rien à dire, je me rends.

CLIMÈNE

Rendez-vous, ou ne vous rendez pas, je sçay fort

bien que vous ne me persuaderez point de souffrir les immodesties de cette Pièce, non plus que les Satyres désobligeantes qu'on y voit contre les femmes.

URANIE

Pour moy, je me garderay bien de m'en offencer, et de prendre rien sur mon conte de tout ce qui s'y dit. Ces sortes de Satyres tombent directement sur les mœurs, et ne frappent les personnes que par réflexion. N'allons point nous appliquer nous-mesmes les traits d'une censure générale, et profitons de la leçon, si nous pouvons, sans faire semblant qu'on parle à nous. Toutes les peintures ridicules qu'on expose sur les Théâtres doivent estre regardées sans chagrin de tout le monde. Ce sont miroirs publics où il ne faut jamais témoigner qu'on se voye, et c'est se taxer hautement d'un défaut que se scandaliser qu'on le reprenne.

CLIMÈNE

Pour moy, je ne parle pas de ces choses par la part que j'y puisse avoir, et je pense que je vis d'un air dans le monde à ne pas craindre d'estre cherchée dans les peintures qu'on fait là des Femmes qui se gouvernent mal.

ÉLISE

Asseurément, Madame, on ne vous y cherchera point.

Vostre conduite est assez connue, et ce sont de ces sortes de choses qui ne sont contestées de personne.

URANIE

Aussi, Madame, n'ay-je rien dit qui aille, à vous, et mes parolles, comme les Satyres de la Comédie, demeurent dans la thèse générale.

CLIMÈNE

Je n'en doute pas, Madame. Mais enfin passons sur ce chapitre. Je ne sçay pas de quelle façon vous recevez les injures qu'on dit à nostre sexe dans un certain endroit de la Pièce, et, pour moy, je vous avoue que je suis dans une colère épouventable de voir que cet Autheur impertinent nous appelle des *animaux*.

URANIE

Ne voyez-vous pas que c'est un Ridicule qu'il fait parler?

DORANTE

Et puis, Madame, ne sçavez-vous pas que les injures des Amans n'offencent jamais; qu'il est des amours emportez aussi bien que des doucereux, et qu'en de pareilles occasions les paroles les plus estranges, et quelque chose de pis encore, se prennent bien souvent pour des marques d'affection par celles mesmes qui les reçoivent ?

ÉLISE

Dites tout ce que vous voudrez, je ne sçaurois digérer cela, non plus que le *potage* et la *tarte à la crême*, dont Madame a parlé tantost.

LE MARQUIS

Ah! ma foy, ouy, *tarte à la crême!* Voilà ce que j'avois remarqué tantost; *tarte à la crême!* Que je vous suis obligé, Madame, de m'avoir fait souvenir de *tarte à la crême.* Y a-t-il assez de pommes en Normandie pour *tarte à la crême? Tarte à la crême,* morbleu! *tarte à la crême!*

DORANTE

Et bien, que veux-tu dire ? *Tarte à la crême!*

LE MARQUIS

Parbleu, *tarte à la crême*, Chevalier.

DORANTE

Mais encore ?

LE MARQUIS

Tarte à la crême!

DORANTE

Dis-nous un peu tes raisons.

LE MARQUIS

Tarte à la crême!

URANIE

Mais il faut expliquer sa pensée, ce me semble.

LE MARQUIS

Tarte à la crême, Madame!

URANIE

Que trouvez-vous là à redire?

LE MARQUIS

Moy, rien. *Tarte à la crême!*

URANIE

Ah! je le quite.

ÉLISE

Monsieur le Marquis s'y prend bien, et vous bourre de la belle manière. Mais je voudrois bien que Monsieur Lysidas voulust les achever, et leur donner quelques petits coups de sa façon.

LYSIDAS

Ce n'est pas ma coustume de rien blasmer, et je suis assez indulgent pour les Ouvrages des autres. Mais enfin, sans choquer l'amitié que Monsieur le Chevalier témoigne pour l'Autheur, on m'avouera que ces sortes de Comédies ne sont pas proprement des Comédies, et qu'il y a une grande différence de toutes ces bagatelles à la beauté des Pièces sérieuses. Cependant tout le monde donne là dedans aujourd'huy; on ne court plus qu'à cela, et l'on voit une solitude effroyable aux grands ouvrages, lors que des sottises ont tout Paris. Je vous avouë que le cœur m'en saigne quelquefois, et cela est honteux pour la France.

CLIMÈNE

Il est vray que le goust des gens est estrangement gâté là-dessus, et que le Siècle s'encanaille furieusement.

ÉLISE

Celuy-là est joly encore, *s'encanaille !* Est-ce vous qui l'avez inventé, Madame ?

CLIMÈNE

Hé !

ÉLISE

Je m'en suis bien doutée.

DORANTE

Vous croyez donc, Monsieur Lysidas, que tout l'esprit et toute la beauté sont dans les Poëmes sérieux, et que les Pièces Comiques sont des niaiseries qui ne méritent aucune louange ?

URANIE

Ce n'est pas mon sentiment, pour moy. La Tragédie, sans doute, est quelque chose de beau quand elle est bien touchée; mais la Comédie a ses charmes, et je tiens que l'une n'est pas moins difficile à faire que l'autre.

DORANTE

Asseurément, Madame, et quand, pour la difficulté,

vous mettriez un plus du costé de la Comédie, peut-
estre que vous ne vous abuseriez pas. Car enfin, je
trouve qu'il est bien plus aisé de se guinder sur de
grands sentimens, de braver en vers la Fortune, accuser
les Destins, et dire des injures aux Dieux, que d'entrer
comme il faut dans le ridicule des hommes, et de rendre agréablement sur le Théâtre les deffauts de tout le
monde. Lors que vous peignez des Héros, vous faites
ce que vous voulez. Ce sont des portraits à plaisir, où
l'on ne cherche point de ressemblance, et vous n'avez
qu'à suivre les traits d'une imagination qui se donne
l'essor, et qui souvent laisse le vray pour attraper le
merveilleux. Mais, lors que vous peignez les hommes,
il faut peindre d'après nature. On veut que ces portraits
ressemblent, et vous n'avez rien fait si vous n'y faites
reconnoître les gens de vostre Siècle. En un mot, dans
les Pièces sérieuses, il suffit, pour n'estre point blasmé,
de dire des choses qui soient de bon sens et bien
escrites, mais ce n'est pas assez dans les autres ; il y
faut plaisanter, et c'est une estrange entreprise que
celle de faire rire les honnestes gens.

CLIMÈNE

Je crois estre du nombre des honnestes gens, et
cependant je n'ay pas trouvé le mot pour rire dans
tout ce que j'ay veu.

LE MARQUIS

Ma foy, ny moy non plus.

DORANTE

Pour toy, Marquis, je ne m'en estonne pas. C'est que tu n'y as point trouvé de Turlupinades.

LYSIDAS

Ma foy, Monsieur, ce qu'on y rencontre ne vaut guères mieux, et toutes les plaisanteries y sont assez froides, à mon avis.

DORANTE

La Cour n'a pas trouvé cela...

LYSIDAS

Ah, Monsieur, la Cour !

DORANTE

Achevez, Monsieur Lysidas. Je vois bien que vous voulez dire que la Cour ne se connoist pas à ces choses et c'est le refuge ordinaire de vous autres, Messieurs les Autheurs, dans le mauvais succès de vos ouvrages, que d'accuser l'injustice du Siècle et le peu de lumière des Courtisans. Sçachez, s'il vous plaist, Monsieur Lysidas, que les Courtisans ont d'aussi bons yeux que d'autres, qu'on peut estre habile avec un point de Venise et des plumes, aussi bien qu'avec une perruque courte et un petit rabat uny ; que la grande espreuve de toutes vos Comédies, c'est le jugement de la Cour; que c'est son goust qu'il faut estudier pour trouver l'art de réussir; qu'il n'y a point de lieu où les décisions soient si justes, et, sans mettre en ligne de conte tous les gens sçavans qui y sont, que, du simple bon sens naturel et du commerce de tout le beau monde, on s'y fait une maniere d'esprit, qui, sans comparaison, juge plus finement les choses que tout le sçavoir enrouillé des Pédans.

URANIE

Il est vray que, pour peu qu'on y demeure, il vous passe là tous les jours assez de choses devant les yeux pour acquérir quelque habitude de les connoistre, et sur tout pour ce qui est de la bonne et mauvaise plaisanterie.

DORANTE

La Cour a quelques Ridicules, j'en demeure d'accord, et je suis, comme on voit, le premier à les fronder. Mais, ma foy, il y en a un grand nombre parmy les beaux Esprits de profession, et, si l'on joue quelques Marquis, je trouve qu'il y a bien plus de quoy jouer les Autheurs, et que ce seroit une chose plaisante à mettre sur le Théâtre que leurs grimaces sçavantes et leurs rafinemens ridicules; leur vicieuse coustume d'assassiner les gens de leurs Ouvrages; leur friandise de louanges; leurs ménagemens de pensées; leur trafic de réputation, et leurs ligues offensives et deffensives, aussi bien que leurs guerres d'esprit, et leurs combats de Prose et de Vers.

LYSIDAS

Molière est bien heureux, Monsieur, d'avoir un protecteur aussi chaud que vous. Mais enfin, pour venir au fait, il est question de sçavoir si sa Pièce est bonne, et je m'offre d'y montrer par tout cent défauts visibles.

URANIE

C'est une estrange chose de vous autres, Messieurs les Poëtes, que vous condamniez toujours les Pièces où tout le monde court, et ne disiez jamais du bien que de celles où personne ne va. Vous montrez pour les unes une haine invincible, et pour les autres une tendresse qui n'est pas concevable.

DORANTE

C'est qu'il est généreux de se ranger du costé des affligez.

URANIE

Mais, de grâce, Monsieur Lysidas, faites nous voir ces défauts, dont je ne me suis point apperçeue.

LYSIDAS

Ceux qui possèdent Aristote et Horace voyent

d'abord, Madame, que cette Comédie péche contre toutes les règles de l'Art.

URANIE

Je vous avoue que je n'ay aucune habitude avec ces Messieurs-là, et que je ne sçay point les règles de l'Art.

DORANTE

Vous estes de plaisantes gens avec vos règles, dont vous embarrassez les ignorans et nous estourdissez tous les jours. Il semble, à vous ouïr parler, que ces règles de l'Art soyent les plus grands Mystères du monde, et cependant ce ne sont que quelques observations aisées que le bon sens a faites sur ce qui peut oster le plaisir que l'on prend à ces sortes de Poëmes; et le mesme bon sens, qui a fait autrefois ces observations, les fait aisément tous les jours sans le secours d'Horace et d'Aristote. Je voudrois bien sçavoir si la grande règle de toutes les règles n'est pas de plaire, et si une Pièce de Théâtre qui a attrapé son but n'a pas suivy un bon chemin ? Veut-on que tout un public s'abuse sur ces sortes de choses, et que chacun n'y soit pas juge du plaisir qu'il y prend ?

URANIE

J'ay remarqué une chose de ces Messieurs-là ; c'est que ceux qui parlent le plus des règles, et qui les sçavent mieux que les autres, font des Comédies que personne ne trouve belles.

DORANTE

Et c'est ce qui marque, Madame, comme on doit s'arrester peu à leurs disputes embarassées. Car enfin, si les Pièces qui sont selon les règles ne plaisent pas, et que celles qui plaisent ne soient pas selon les règles, il faudroit de nécessité que les règles eussent esté mal faites. Mocquons-nous donc de cette chicane où ils veulent assujettir le goust du public, et ne consultons dans une Comédie que l'effet qu'elle fait sur nous. Laissons nous aller de bonne foy aux choses qui nous prennent par les entrailles, et ne cherchons point de raisonnemens pour nous empescher d'avoir du plaisir.

URANIE

Pour moy, quand je vois une Comédie, je regarde seulement si les choses me touchent, et, lors que je m'y suis bien divertie, je ne vais point demander si j'ay eu tort, et si les règles d'Aristote me deffendoient de rire.

DORANTE

C'est justement comme un homme qui auroit trouvé une sausse excellente, et qui voudroit examiner si elle est bonne sur les préceptes du *Cuisinier François*.

URANIE

Il est vray, et j'admire les rafinemens de certaines gens sur des choses que nous devons sentir par nous-mesmes.

DORANTE

Vous avez raison, Madame, de les trouver estranges tous ces rafinemens mystérieux. Car enfin, s'ils ont lieu, nous voilà réduits à ne nous plus croire; nos propres sens seront esclaves en toutes choses, et, jusques au manger et au boire, nous n'oserons plus trouver rien de bon sans le congé de Messieurs les experts.

LYSIDAS

Enfin, Monsieur, toute vôtre raison, c'est que *l'Escole des Femmes* a pleu, et vous ne vous souciez point qu'elle ne soit pas dans les règles, pourveu...

DORANTE

Tout beau, Monsieur Lysidas; je ne vous accorde pas cela. Je dis bien que le grand art est de plaire et que, cette Comédie ayant pleu à ceux pour qui elle est faite, je trouve que c'est assez pour elle, et qu'elle doit peu se soucier du reste. Mais avec cela je soutiens qu'elle ne pèche contre aucune des règles dont vous parlez. Je les ay leues, Dieu mercy, autant qu'un autre, et je ferois voir aisément que peut-estre n'avons-nous point de Pièce au Théâtre plus régulière que celle-là.

ÉLISE

Courage, Monsieur Lysidas; nous sommes perdus, si vous reculez.

LYSIDAS

Quoy, Monsieur, la Protase, l'Epitase et la Péripétie ?.....

DORANTE

Ah, Monsieur Lysidas, vous nous assommés avec vos grands mots. Ne paroissez point si sçavant, de grâce. Humanisez vôtre discours, et parlez pour estre entendu. Pensez-vous qu'un nom Grec donne plus de poids à vos raisons ? Et ne trouveriez-vous pas qu'il fust aussi beau de dire l'exposition du sujet, que la Protase ; le nœud, que l'Epitase, et le dénouement, que la Péripétie ?

LYSIDAS

Ce sont termes de l'Art, dont il est permis de se servir. Mais, puis que ces mots blessent vos oreilles, je m'expliqueray d'une autre façon, et je vous prie de répondre positivement à trois ou quatre choses que je vais dire. Peut-on souffrir une pièce qui péche contre le nom propre des Pièces de Théâtre ? Car enfin le nom de Poëme dramatique vient d'un mot Grec qui signifie *agir,* pour monstrer que la nature de ce Poëme consiste dans l'action, et, dans cette Comédie-cy, il ne se passe point d'actions, et tout consiste en des récits que vient faire ou Agnès ou Horace.

LE MARQUIS

Ah, ah, Chevalier.

CLIMÈNE

Voilà qui est spirituellement remarqué, et c'est prendre le fin des choses.

LYSIDAS

Est-il rien de si peu spirituel, ou, pour mieux dire, rien de si bas que quelques mots où tout le monde rit, et surtout celuy des *enfans par l'oreille*.

CLIMÈNE

Fort bien.

ÉLISE

Ah!

LYSIDAS

La scène du Valet et de la Servante au dedans de la maison, n'est-elle pas d'une longueur ennuyeuse, et tout à fait impertinente?

LE MARQUIS

Cela est vray.

CLIMÈNE

Asseurément.

ÉLISE

Il a raison.

LYSIDAS

Arnolphe ne donne-t-il pas trop librement son argent à Horace, et, puis que c'est le personnage ridicule de la Pièce, falloit-il luy faire faire l'action d'un honneste homme?

LE MARQUIS

Bon. La remarque est encore bonne...

CLIMÈNE

Admirable...

ÉLISE

Merveilleuse.

LYSIDAS

Le Sermon et les Maximes ne sont-elles pas des choses ridicules, et qui choquent mesme le respect que l'on doit à nos Mystères?

LE MARQUIS

C'est bien dit.

CLIMÈNE

Voilà parlé comme il faut.

ÉLISE

Il ne se peut rien de mieux.

LYSIDAS

Et ce Monsieur De La Souche enfin, qu'on nous fait un homme d'esprit, et qui paroist si sérieux en tant d'endroits, ne descend-il point dans quelque chose de trop comique et de trop outré au cinquiesme Acte, lors qu'il explique à Agnès la violence de son amour, avec ces roulemens d'yeux extravagans, ces soupirs ridicules, et ces larmes niaises qui font rire tout le monde?

LE MARQUIS

Morbleu, merveille!

CLIMÈNE

Miracle!

ÉLISE

Vivat, Monsieur Lysidas.

LYSIDAS

Je laisse cent mille autres choses, de peur d'estre ennuyeux.

LE MARQUIS

Parbleu, Chevalier, te voilà mal ajusté.

DORANTE

Il faut voir.

LE MARQUIS

Tu as trouvé ton homme, ma foy.

DORANTE

Peut-estre.

LE MARQUIS

Respon, respon, respon, respon.

DORANTE

Volontiers. Il...

LE MARQUIS

Respon donc, je te prie.

DORANTE

Laisse-moy donc faire. Si...

LE MARQUIS

Parbleu, je te deffie de respondre.

DORANTE

Ouy, si tu parles toujours.

CLIMÈNE

De grâce, écoutons ses raisons.

DORANTE

Premièrement, il n'est pas vray de dire que toute la Pièce n'est qu'en récits. On y voit beaucoup d'actions qui se passent sur la Scène, et les Récits eux mêmes y sont des actions, suivant la constitution du sujet, d'autant qu'ils sont tous faits innocemment, ces récits, à la personne intéressée, qui par là entre à tous coups dans une confusion à resjouir les spectateurs, et prend, à chaque nouvelle, toutes les mesures qu'il peut pour se parer du malheur qu'il craint.

URANIE

Pour moy, je trouve que la beauté du sujet de *l'Escole des Femmes* consiste dans cette confidence perpétuelle, et, ce qui me paroist assez plaisant, c'est qu'un homme qui a de l'esprit, et qui est adverty de tout par une innocente, qui est sa Maistresse, et par un estourdy qui est son Rival, ne puisse avec cela éviter ce qui luy arrive.

LE MARQUIS

Bagatelle, bagatelle.

CLIMÈNE

Foible response.

ÉLISE

Mauvaises raisons.

DORANTE

Pour ce qui est des *enfans par l'oreille*, ils ne sont plaisans que par réflexion à Arnolphe, et l'Autheur n'a pas mis cela pour estre de soy un bon mot, mais seulement pour une chose qui caractérise l'homme, et peint d'autant mieux son extravagance, puisqu'il rapporte une sottise triviale qu'a dite Agnès comme la chose la plus belle du monde, et qui luy donne une joye inconcevable.

LE MARQUIS

C'est mal répondre.

CLIMÈNE.

Cela ne satisfait point.

ÉLISE

Ce n'est rien dire.

DORANTE

Quant à l'argent qu'il donne librement, outre que la lettre de son meilleur amy luy est une caution suffisante, il n'est pas incompatible qu'une personne soit ridicule en de certaines choses et honneste homme en d'autres. Et, pour la Scène d'Alain et de Georgette dans le logis, que quelques-uns ont trouvée longue et froide, il est certain qu'elle n'est pas sans raison, et, de mesme qu'Arnolphe se trouve attrapé, pendant son voyage, par la pure innocence de sa Maistresse, il demeure au retour long-temps à sa porte par l'innocence de ses Valets, afin qu'il soit par tout puny par les choses qu'il a creu faire la seureté de ses précautions.

LE MARQUIS

Voilà des raisons qui ne valent rien.

CLIMÈNE

Tout cela ne fait que blanchir.

ÉLISE

Cela fait pitié.

DORANTE

Pour le discours moral, que vous appellez un Sermon, il est certain que de vrais dévots qui l'ont ouy n'ont pas trouvé qu'il choquast ce que vous dites; et sans doute que ces parolles d'*Enfer* et de *chaudières bouillantes* sont assez justifiées par l'extravagance d'Arnolphe et par l'innocence de celle à qui il parle. Et, quant au transport amoureux du cinquiesme Acte, qu'on accuse d'estre trop outré et trop comique, je voudrois bien sçavoir si ce n'est pas faire la satyre des Amans, et si les honnestes gens mesme, et les plus sérieux, en de pareilles occasions ne font pas des choses...

LE MARQUIS

Ma foy, Chevalier, tu ferois mieux de te taire.

DORANTE

Fort bien. Mais enfin, si nous nous regardions nous mesmes, quand nous sommes bien amoureux...

LE MARQUIS

Je ne veux pas seulement t'écouter.

DORANTE

Escoute-moy si tu veux. Est-ce que, dans la violence de la passion...

LE MARQUIS

La, la, la, la, lare, la, la, la, la, la, la.

Il chante.

DORANTE

Quoy!...

LE MARQUIS

La, la, la, la, lare, la, la, la, la, la, la.

DORANTE

Je ne sçay pas si...

LE MARQUIS

La, la, la, la, lare, la, la, la, la, la, la.

DORANTE

Il me semble que...

LE MARQUIS

La, la, la, la, lare, la, la, la, la, la, la, la, la, la.

URANIE

Il se passe des choses assez plaisantes dans nostre dispute. Je trouve qu'on en pourroit bien faire une petite Comédie, et que cela ne seroit pas trop mal à la queue de *l'École des Femmes*.

DORANTE

Vous avez raison.

LE MARQUIS

Parbleu, Chevalier, tu jouerois là dedans un rolle qui ne te seroit pas avantageux.

DORANTE

Il est vray, Marquis.

CLIMÈNE

Pour moy, je souhaiterois que cela se fist, pourveu qu'on traitast l'affaire comme elle s'est passée.

ÉLISE

Et moy, je fournirois de bon cœur mon personage.

LYSIDAS

Je ne refuserois pas le mien, que je pense.

URANIE

Puis que chacun en seroit content, Chevalier, faites un mémoire de tout, et le donnez à Molière, que vous connoissez, pour le mettre en Comédie.

CLIMÈNE

Il n'auroit garde, sans doute, et ce ne seroit pas vers à sa louange.

URANIE

Point, point; je connoy son humeur. Il ne se soucie pas qu'on fronde ses Pièces, pourveu qu'il y vienne du monde.

DORANTE

Ouy. Mais quel dénouement pourroit-il trouver à cecy ? Car il ne sçauroit y avoir ny mariage, ny reconnoissance, et je ne sçay point par où l'on pourroit faire finir la dispute.

URANIE

Il faudroit resver quelque incident pour cela.

SCÈNE VII ET DERNIÈRE

GALOPIN, LYSIDAS, DORANTE, LE MARQUIS,
CLIMÈNE, ÉLISE, URANIE

GALOPIN

Madame, on a servy sur table.

DORANTE

Ah, voilà justement ce qu'il faut pour le dénouement que nous cherchions, et l'on ne peut rien trouver de plus naturel. On disputera fort et ferme de part et d'autre, comme nous avons fait, sans que personne se rende. Un petit Laquais viendra dire qu'on a servi ; on se lèvera, et chacun ira souper.

URANIE

La Comédie ne peut pas mieux finir, et nous ferons bien d'en demeurer là.

LA CRITIQUE
DE L'ESCOLE DES FEMMES

EXPLICATION DES PLANCHES

Notice. — En-tête. Bande ornementale. A droite et à gauche un panier rempli de fleurs et au milieu deux flûtes en sautoir liées par un ruban.

— Lettre M. Un aigle, les ailes étendues, est perché sur des branches de laurier. Le serpent qu'il tient dans son bec, et celui qu'il tient sous ses griffes figurent les ennemis de Molière et les Critiques de son *Escole des Femmes*.

— Cul de lampe. Un écu de sinople à une Muse de face, assise sur un fauteuil et accompagnée de trois miroirs de vérité ; un est sur la traverse où elle pose ses pieds et elle en supporte un de chaque main. Derrière l'écu, deux plumes à écrire et deux branches de lauriers passées dans une banderole, sur laquelle le mot du Marquis : *Tarte à la crème*.

Faux-Titre. — Le titre et la date de la Pièce dans un médaillon rond inscrit dans un cadre carré. En haut, un petit Satyre tient une guirlande de roses ; aux angles supérieurs, les profils des deux têtes de Précieuses. En bas, dans les rinceaux qui supportent le cadre, un masque comique, une rose, une fleur de couronne impériale, et deux pies, les ailes ouvertes et en bataille, occupées qu'elles sont, selon le mot amusant d'un vieux jardinier, à se mêler, comme un tas de femelles, de tout ce qui ne les regarde pas.

Grande Composition. — La scène VII. Le riche salon d'Uranie. M. Lysidas, qui vient d'entrer, salue Uranie : *Madame, je viens un peu tard;* celle-ci lui rend son salut en se levant à demi de son fauteuil, et en lui disant : *Asseyez-vous donc, Monsieur Lysidas.* Derrière elle, Dorante, tête nue, assis à côté d'Elise, également assise. A gauche, derrière M. Lysidas, Climène et le Marquis, assis tous deux.

Grand titre. — Cadre octogone, supporté en bas par deux Satyres à pieds de chèvre. En haut, pour leur faire pendant, deux femmes, en longues robes et à pieds de chèvre, sont assises sur les angles du cadre; l'une porte un masque de comédie et un miroir, l'autre un miroir et une trompette droite. Toute la bordure du cadre est une guirlande de feuilles et de fleurs de rosiers, qui descend de deux cornes d'abondance et dans laquelle se jouent de petits satyres et de petits amours, portant des miroirs à main. En haut, les armes de la Reine-Mère, qu'on retrouvera au cul de lampe de la Dédicace; elles sont ici sommées de la couronne fermée et accompagnées de deux palmes et de la cordelière des veuves. En bas, le miroir de vérité des armes de Molière, la couronne royale fermée, le sceptre, la main de justice et le manteau fleurdelysé posés sur un cartel, contre lequel sont assis deux Satyres enfants, qui se tiennent les côtes à force de rire. Au centre, entre le titre de la Pièce et l'adresse du libraire, la tête railleuse d'un Satyre couronné de lauriers; deux longues plumes à écrire sont passées dans les enroulements de ses cornes.

Dédicace. — En-tête. A droite et à gauche, un ornement carré en largeur, orné de deux cornes d'abondance, pleines de fruits et séparées par une fleur de soleil. Au centre le portrait en buste d'Anne d'Autriche, tournée à gauche, dans un cadre octogone, fleurdelysé aux angles, surmonté de la couronne royale fermée et accompagnée en bas des armes très compliquées de la Reine-Mère, qui seront blasonnées plus loin.

— Lettre J. Une médaille, sur laquelle Molière, son chapeau à la main, s'incline respectueusement devant la Reine-Mère assise et lui offre un exemplaire de la *Critique*. Au-dessus de la médaille, la couronne royale fermée; au-dessous, deux palmes et le manteau de France doublé d'hermine.

— Cul de lampe. Un ornement, terminé en haut par une coquille attachée au milieu du bord d'une table, supporte les armes de la Reine-Mère, posées en avant d'un manteau bleu fleurdelysé, doublé d'hermines et sommé de la couronne royale fermée. Les armoiries d'Anne d'Autriche sont parties au un de France et au deux d'Espagne et d'Autriche. Le deux est d'abord écartelé et ensuite contrécartelé; le premier quartier est écartelé aux un et quatre de gueules au château d'or, sommé de trois tours de même, qui est Castille, aux deux et trois d'argent au lion de gueules, qui est Léon. Le deuxième quartier est parti au un d'or à quatre pals de gueules, qui est Aragon, et au deux d'or à quatre pals de gueules flanqué d'argent à deux aigles de sable, qui est Aragon-Sicile. A la pointe de ces deux quartiers, d'or à une grenade de gueules, tigée et feuillée de sinople, qui est Grenade. Sur ces deux quartiers du haut, un écu en abîme, d'argent à cinq écussons d'azur mis en croix, chacun chargé de cinq besants d'argent en sautoir, un point de sable au milieu de chacun, à la bordure chargée de sept châteaux d'or, qui est Portugal. Le troisième quartier est de gueules à la fasce d'argent, qui est Autriche, soutenu du bandé d'or et d'azur de six pièces à la bordure de gueules, qui est Bourgogne ancien; le quatrième quartier semé de France à la bordure componnée d'argent et de gueules, qui est Bourgogne ancien, soutenu de sable au lion d'or, lampassé et armé de gueules, qui est Brabant; sur le troisième et le quatrième quartier, un écu en abîme, parti d'or au lion de sable, lampassé et armé de gueules, qui est Flandres, et d'argent à l'aigle de gueules, couronné, becqué et membré d'or, chargé sur la poitrine d'un croissant de même, qui est Tyrol.

CADRE DES PERSONNAGES. — Dans les montants latéraux, une Renommée, une branche de laurier à la main et debout sur une boule, sonne d'une trompette droite. En haut, un pavillon suspendu entre deux guirlandes ; en bas, une console dont les pieds de chèvre se terminent en têtes de satyres. Sur le marbre de la tablette, une tarte à la crème, à laquelle goûte un malicieux petit Satyre ailé, qui s'est servi des saillies des pieds de la console pour arriver jusque-là.

LA CRITIQUE DE L'ESCOLE DES FEMMES. — En-tête. Le côté d'une antichambre en galerie. Aux deux extrémités, une arcade ronde et ouverte ; sur les balustres, au travers desquels on aperçoit la campagne avec des maisons et un clocher, de petits Amours ailés, dont l'un tient le ruban d'Agnès, et un petit Satyre à pieds de chèvre qui tient trois tartes à la crème. Plus près du centre, deux lambris, décorés d'un piédestal en forme d'autel, sur lequel un grand vase plein de fleurs et armorié sur sa panse de l'écu des armes de la Reine-Mère. Au centre, la porte du salon d'Uranie, à demi-ouverte et que défend Galopin, disant au Marquis qui veut entrer les premiers mots de la Scène IV : *Arrestez, s'il vous plaist, Monsieur.* Au-dessus de la tête de Galopin, on aperçoit, par le ventail ouvert, le groupe des trois femmes debout.

— Lettre Q. Le salon d'Uranie. A droite, Uranie et sa cousine Elise debout ; à gauche, Climène, très habillée, jouant de l'éventail et renversant la tête avec prétention : *Eh, de grâce, ma chère, faites-moy viste donner un siège ;* Scène III. Derrière elle, Galopin avance un fauteuil. En haut de la lettre, les armes d'Anne d'Autriche sommées de la couronne royale fermée. En bas, des deux côtés un vase de fleurs ; sur le devant, à droite, un petit Satyre à pieds de chèvre, figurant le Génie de la Comédie, est assis sur le bord du plancher et pose dans le petit vase une branche de laurier, symbole du mérite de l'*Escole des Femmes*.

— Cul de lampe. Le salon d'Uranie. A gauche, le groupe d'Uranie assise dans un fauteuil, de Lisidas, assis sur un pliant, et de Dorante debout. A droite, le Marquis et Elise debout auprès du fauteuil de

LA CRITIQUE DE L'ESCOLE DES FEMMES

Climène. Au fond, à la porte de la salle à manger, dont on aperçoit la table servie, Galopin, apportant, sans le savoir, le dénouement de la comédie, en venant dire : *Madame, on a servy sur table;* Scène VII.

Ce motif est dans un cadre en forme de bouclier de fantaisie, au-dessus duquel une tête comique, barbue, à oreilles pointues et coiffée d'un bonnet serré sur la tête. Au-dessous, dans l'ornement, deux femmes affrontées. Malgré leurs ailes, la tête, le buste et les bras, à demi nus, sont coiffés et habillés à la mode du temps; au-dessous de la ceinture elles se changent en sirènes, et les replis de leurs queues écaillées s'entrelacent avec une traîne de robe allongée en draperies flottantes. Dans l'ornement, deux petits miroirs suspendus, un exemplaire ouvert de l'*Escole des Femmes* et, posé sur l'entrelacs formé par le dernier tour des queues des deux Précieuses, un des verres à boire de la table du souper.

Achevé d'imprimer a Évreux
Par Charles Hérissey
Le neuf Décembre Mil huit cent quatre-vingt-quatre

Pour le compte de Jules Lemonnyer
Éditeur a Paris